하루치 용기를 충전하는
긍정의 말들

그림작가 김익환의 인생 명대사와 무비 드로잉 365

땡스&북스

그림작가 김익환의 인생 명대사와 무비 드로잉 365
하루치 용기를 충전하는 긍정의 말들

초판 1쇄 발행 2023년 12월 22일
초판 2쇄 발행 2024년 1월 15일
개정판 1쇄 발행 2025년 6월 27일

그린이 김익환   펴낸이 김난희

펴낸곳 ㈜땡스앤컴퍼니 · 땡스앤북스
출판등록 제2018-000215호
주소 서울시 마포구 성미산로3길 35 1층

일원화 공급처
㈜북새통
주소 (03955)서울특별시 마포구 월드컵로36길 18 902호
대표전화 02-338-0117
팩스 02-338-7160

ⓒ 김익환, 2023, 2025

ISBN 979-11-964676-8-5 13590

이 책은 저작권법에 의해 보호받는 저작물이므로 무단 전재와 복제를 금지합니다. 책 내용의 전부 또는 일부를 인용하거나 발췌하려면 반드시 저작권자와 ㈜땡스앤컴퍼니의 서면 동의를 받아야 합니다.

익환이 그림에서 선은 가장 중요한 표현 수단이다.
그 점은 나를 닮았다.
이 녀석의 선에는 기교가 하나도 없다.
세상에 죄를 지은 선이 아니다. 그래서 좋다.

한국 현대미술계의 거장

박서보

ARTIST
김익환 Kim, Ikhwan

영화와 음악을 좋아하는 김익환 작가는 한국 현대미술계의 거장 박서보 화백에게 "솔직한 선이 아름답다"는 찬사를 받았다. 열세 살의 어린 나이에 박서보재단 아트스페이스 GIZI의 첫 전시자로 선정되어 주목을 받았다. 그의 그림은 자유로운 선과 생기발랄한 색감으로 보는 이에게 신선한 즐거움을 선사한다.

김익환 작가는 1년에 40회 이상 영화관에 간다. OTT나 VOD로 보는 영화까지 합치면 100편도 넘게 본다. 신작을 좋아하긴 하지만 〈에브리씽 에브리웨어 올 앳 원스〉, 〈파묘〉, 〈콘크리트 유토피아〉, 〈검은 사제들〉 같은 인생영화는 몇 번씩 봐서 대사를 통째로 외울 정도다.

『하루치 용기를 충전하는 긍정의 말들』에는 그의 드로잉 365편과 직접 고른 인생 명대사가 함께 실려 있어, 아침마다 한 장씩 넘겨보며 하루치 용기와 희망을 충전할 수 있다. 그의 유쾌한 그림은 명랑한 마음이 곧 행복이라는 메시지를 전한다.

김익환 작가의 인스타그램에 방문하시면 더 다양한 최신 작품을 감상하실 수 있습니다.

31
DECEMBER

최고의 발명품은 너란다.

호두까기 인형과 네 개의 왕국 | The Nutcracker and the Four Realms
2018, 조 존스톤, 라세 할스트롬

저에게 온 즐거움과 행운을
여러분과 나누고 싶어요

『하루치 용기를 충전하는 긍정의 말들』이 처음 세상에 나오고 출간 기념 전시회를 하며 정말 행복한 시간을 보냈습니다. 그 사이에 저는 학교를 졸업했고, 작은 아틀리에를 마련해 날마다 출근을 하고 있습니다. 여전히 영화를 보고 여전히 영화 그림을 그리죠.

그동안 그린 그림을 여러분에게 소개하고 싶던 차에 마침 초판이 2쇄까지 다 팔려서 책을 다시 만들어야 하는 상황이 되었습니다. 그래서 개정판을 편집하다 보니 초판에서 소개했던 명대사도 95건이나 바뀌고, 새 그림도 81품이나 들어가게 되었습니다. 어떤 것은 날짜를 옮기기도 했습니다. 표지까지 바뀌었으니 초판과는 완전히 다른 느낌을 받게 될 겁니다.

처음 영화 그림을 그리기 시작한 것이 11살 때였는데 지금도 그리고 있으니 벌써 8년째입니다. 해마다 새로운 영화가 나온다는 것이 저에게는 큰 행운이고 즐거움입니다. 이런 저의 마음이 그림과 명대사를 통해 여러분에게도 전해지면 좋겠습니다. 감사합니다.

- 그림작가 김익환

30
DECEMBER

우리는 그림자 속에서 살고 죽는다.
가까운 이를 위해서, 그리고 얼굴도 모르는 이를 위해서.

미션 임파서블: 데드 레코닝 PART ONE | Mission: Impossible -Dead Reckoning- PART ONE
2023, 크리스토퍼 맥쿼리

29
DECEMBER

한 번만 더 믿어봐, 우리가 해낼 거야.

탈출: 프로젝트 사일런스 | Project Silence | 2024, 김태곤

1
JANUARY

저를 함부로 판단하지 마세요. 나름 멋지게 태어났어요.
완벽하려고 태어난 게 아니에요.

미니언즈 | Minions | 2015, 피에르 꼬팽, 카일 발다

28
DECEMBER

쓸데없는 생각은 버리고 다리를 움직이세요.

더 퍼스트 슬램덩크 | The First Slam Dunk
2023, 이노우에 다케히코

2
JANUARY

네 장미를 그렇게 소중하게 만든 것은
그 꽃을 위해 네가 쓴 시간이란다.

어린왕자 | The Little Prince | 2015, 마크 오스본

27
DECEMBER

난 마법을 믿지는 않아.
하지만 내 삶에서 몇 번은 설명할 수 없는 일들을 봐왔어. 그리고 깨달았지.
중요한 건 무엇을 믿느냐가 아니라 얼마나 간절히 믿느냐야.

인디아나 존스: 운명의 다이얼 | Indiana Jones: the Dial of Destiny | 2023, 제임스 맨골드

3
JANUARY

큰 힘에는 큰 책임이 따른다.

스파이더맨 | Spider-Man | 2002, 샘 레이미

네 덕에 심심했던 적이 한 번도 없고, 매일 재미있고 행복했다.
너는 하늘이 내게 보내준 천사 같아.

채비 | The Preparation | 2017, 조영준

4
JANUARY

남은 목숨은 이제 한 번뿐이야.
삶은 한 번뿐일 때 진짜 특별한 거야.

장화신은 고양이: 끝내주는 모험 | Puss in Boots: The Last Wish | 2023, 조엘 크로포드

25
DECEMBER

이게 내 가족이야. 내가 직접 찾았어.
작고 망가졌지만…. 그래도 괜찮아. 응, 아직도 괜찮아.

릴로 & 스티치 | Lilo & Stitch | 2025, 딘 플레이셔-캠프

5
JANUARY

빛은 영원히 지속되지 않아.
그러니 그것이 빛날 때 만끽해.

엘리멘탈 | Elemental | 2023, 피터 손

24
DECEMBER

나는 폭풍이 오기 전의 이 고요함이 맘에 들어.
베토벤이 연상되기 때문이지.
이건 마치 머리를 풀밭에 대고 식물이 자라나는 소리를 듣는 것과 같아.

레옹 | Leon | 1994, 뤽 베송

6
JANUARY

기억은 없지만 감정은 남아 있었나 봐요.

30일 | Love Reset | 2023, 남대중

23
DECEMBER

우선 하나의 문제를 해결하고, 다음 문제를 해결하고,
또 다음 문제를 해결하고 나면 너는 문제들을 충분히 해결하게 되고,
드디어 집에 갈 수 있는 거야.

마션 | Martian | 2015, 리들리 스콧

7
JANUARY

인생은 가능성으로 가득 차 있습니다.
어디를 봐야 하는지만 알면 됩니다.

소울 | Soul | 2021, 피트 닥터

22
DECEMBER

누가 너에게 살고 죽을 권한을 줬지?

크리에이터 | the Creator | 2023, 가렛 에드워즈

8
JANUARY

사는 게 힘들면 어떻게 하는 줄 알아?
그냥 계속 헤엄쳐!

니모를 찾아서 | Finding Nemo | 2003, 앤드류 스탠튼

21
DECEMBER

자신이 하고 싶은 게 뭔지 아는 사람은 진정한 행운아다.
왜냐면 그 사람은 평생 일하지 않아도 되니까.

포드 v 페라리 | Ford v Ferarri | 2019, 제임스 맨골드

9
JANUARY

널 두렵게 하는 것은 물이 아니라 공포심이다.

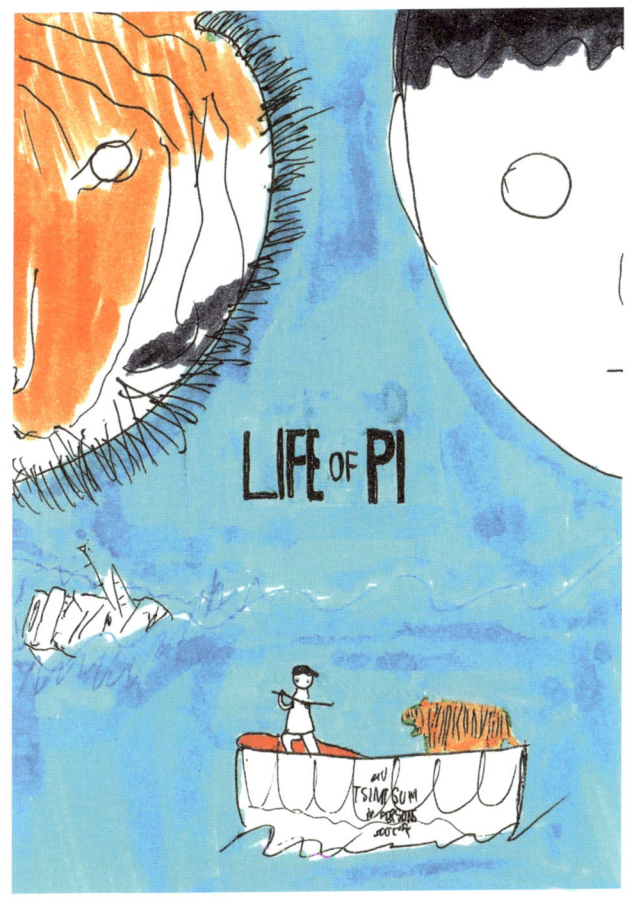

라이프 오브 파이 | Life of Pi | 2013, 이안

20
DECEMBER

나 건드리지 마.
나 화나면 후회하게 될 거야.

헐크 | Hulk
2003, 이안

10
JANUARY

사람은 누구나 삶의 주인공이다.

인생은 아름다워 | Life is Beautiful | 2022, 최국희

19
DECEMBER

결국 인생도 소주도 마지막 한 방울까지 마셔야 그 맛을 아는 기라!

소주전쟁 | Big Deal | 2025, 최윤진

11
JANUARY

다시 시작하면 되지. 내가 살아 있잖아.

더 킹 | The King | 2017, 한재림

18
DECEMBER

'어떻게'가 아니라 왜 이겨야 하는지가 더 중요한 법일세.

킹메이커 | Kingmaker | 2022, 변성현

12
JANUARY

다른 사람이 당신의 한계를 정하게 하지 마세요.
당신이 어디에서 왔는지는 중요치 않아요.
당신의 한계는 당신의 영혼밖에 없답니다.

라따뚜이 | Ratatouille | 2007, 브래드 버드

17
DECEMBER

애도란 건 결국 계속 사랑하는 것 아닌가요?

완다비전 | WandaVision | 2021, 맷 샤크먼

13
JANUARY

설리 가족의 가장 큰 약점은 하나라는 것이다.
하지만 설리 가족의 가장 큰 장점 또한 하나라는 것이다.

아바타: 물의 길 | Avatar: The Way of Water | 2022, 제임스 카메론

16
DECEMBER

백성이 없으면 나라가 없고, 나라가 없으면 장수도 없다.

노량: 죽음의 바다 | Noryang: Deadly Sea | 2023, 김한민

14
JANUARY

가진 거 없어도 당당하게 살아. 당당하게.

1987 | 1987: When the Day Comes | 2017, 장준환

15
DECEMBER

마음을 낭비하는 것은 끔찍하다.

겟 아웃 | Get Out | 2017, 조던 필

가장 부서진 사람들이 위대한 리더가 될 수 있다.

블랙 팬서: 와칸다 포에버 | Black Panther: Wakanda Forever | 2022, 라이언 쿠글러

14
DECEMBER

우린 집으로 갈 거야, 반드시 함께.

옥자 | Okja | 2017, 봉준호

16
JANUARY

다우렌, '행복한 시간' 그 뜻이다.

다우렌의 결혼 | Dauren's Wedding | 2024, 임찬익

13
DECEMBER

우리는 모두 얼굴에 표식이 있어.
얼굴은 우리가 나아갈 곳을 보여주는 지도야.
또 얼굴은 우리가 지나온 곳을 보여주는 지도야.
그러니 절대 못생긴 게 아니란다.

원더 | Wonder | 2017, 스티븐 크보스키

나도 무언가가 되고 싶었어요. 누군가에게 의미 있는 무언가가….
그냥 그것뿐이었는데….

서복 | Seobok | 2021, 이용주

12
DECEMBER

희생 없이는 승리도 없다.
아주 오래 전부터 전해 내려오는 이야기지.

트랜스포머: 최후의 기사 | Transformers: The Last Knight | 2017, 마이클 베이

18
JANUARY

수없이 죽고 살아도, 단 한 번 살아낸 오늘이 진짜였어.

미키17 | Mickey 17 | 2025, 봉준호

11
DECEMBER

가장 위험한 것은 의심을 품지 않는 확신이다.

콘클라베 | Conclave | 2025, 에드워드 버거

19
JANUARY

당신은 내가 더 좋은 사람이 되고 싶게 만들어요.

이보다 더 좋을 순 없다 | As Good As it Gets | 1998, 제임스 L. 브룩스

10
DECEMBER

내 인생은 언제나 마치 세상에서 가장 높은 건물 꼭대기에서
곧 떨어질 것 같은 기분이야.
근데 네 모습을 본 순간, 떨어지는 걸 멈췄어.

웨스트 사이드 스토리 | West Side Story | 2022, 스티븐 스필버그

20
JANUARY

나는 내 예술로 사람들을 어루만지고 싶다.
그들이 이렇게 말하길 바란다.
마음이 깊은 사람이구나. 마음이 따뜻한 사람이구나.

러빙 빈센트 | Loving Vincent | 2017, 도로타 코비엘라, 휴 웰치맨

9
DECEMBER

기도는 누군가를 위해 무릎 꿇는 가장 강한 방식이에요.

검은 수녀들 | Dark Nuns | 2025, 권혁재

21
JANUARY

죽을 각오로 뛰어들었으면, 끝까지 가는 거야!

밀수 | Smugglers | 2023, 류승완

8
DECEMBER

유민이를 처음 봤을 때 살아가야 하는 이유를 알았어.

다만 악에서 구하소서 | Deliver Us From Evil | 2020, 홍원찬

22
JANUARY

각하, 정치를 좀 대국적으로 하십시오.

남산의 부장들 | The Man Standing Next | 2020, 우민호

7
DECEMBER

모든 사람의 사랑을 받을 필요는 없어.
몇 명의 좋은 사람만 있으면 돼.

위대한 쇼맨 | The Greatest Showman | 2017, 마이클 그레이시

23
JANUARY

아픔은 없어지지 않지만 함께 살아갈 수 있어.

그대들은 어떻게 살 것인가 | the Boy and the Heron | 2023, 미야자키 하야오

6
DECEMBER

이제 갸들한테나 내 자신한테나 부끄럼 없이 살기로 했다.

소년들 | the Boys | 2023, 정지영

24
JANUARY

정답보다 중요한 건 답을 찾는 과정이야.

이상한 나라의 수학자 | In Our Prime | 2022, 박동훈

5
DECEMBER

억지로 하지 말고, 그냥 느껴.

더 마블스 | The Marvels | 2023, 니아 다코스타

25
JANUARY

최고의 순간은 우연히 찾아오는 거야.
그게 바로 인생이라고!

도리를 찾아서 | Finding Dory | 2016, 앤드류 스탠튼

4
DECEMBER

우리가 두려워할 것은 두려움뿐이죠.

주토피아 | Zootopia | 2016, 바이론 하워드, 리치 무어

26
JANUARY

어느 쪽이 옳은지는 시간이 알려줄 거야.
우리는 지금 선택할 뿐이지.

서울의 봄 | 12.12: The Day | 2023, 김성수

3
DECEMBER

살리는 것도 죽이는 것도 결국 이유는 하나야.
후회 안 하려고.

히트맨2 | Hitman 2 | 2025, 최원섭

27
JANUARY

오늘의 예보는 100% 모험 확률이야.

수퍼 소닉2 | Sonic the Hedgehog 2 | 2022, 제프 파울러

2
DECEMBER

나락에 떨어져 본 자만이 위대한 지도자가 될 수 있다.

블랙 팬서: 와칸다 포에버 | Black Panther: Wakanda Forever | 2022, 라이언 쿠글러

28
JANUARY

난 이기려고 나온 게 아니야. 물러서지 않으려고 나온 거지.

승부 | the Match | 2025, 김형주

1
DECEMBER

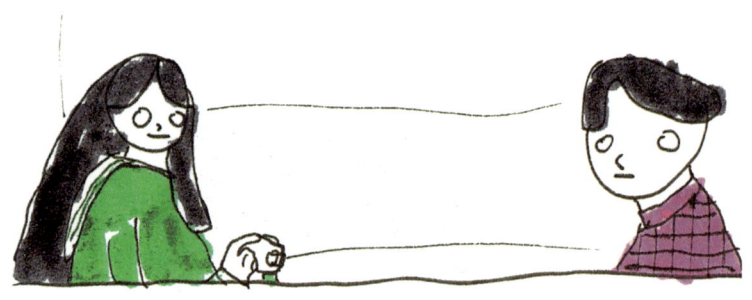

내가 꼭 붙으라 했나? 도전하라 했지.

기적 | Miracle | 2021, 이장훈

29
JANUARY

난 절대 과거를 돌아보지 않아.
현재를 보는 데 방해되거든.

인크레더블 | Incredibles | 2004, 브래드 버드

30
NOVEMBER

지금까지 이런 맛은 없었다. 이것은 갈비인가 통닭인가?
네, 수원 왕갈비 통닭입니다.

극한직업 | Extreme Job | 2019, 이병헌

30
JANUARY

나쁜 일들이 닥치면서도 기쁜 일들이 함께한다는 것.
우리는 늘 누군가를 만나 무언가를 나눈다는 것.
세상은 참 신기하고 아름답다.

벌새 | House of Hummingbird | 2019, 김보라

29
NOVEMBER

그래, 과거는 아플 수 있지. 하지만 너는
과거로부터 도망치거나 과거로부터 배울 수 있어.

라이온 킹 | The Lion King | 2019, 존 파브로

31
JANUARY

현명한 자는 다리를 만들고 어리석은 자는 벽을 세운다.

블랙 팬서 | Black Panther | 2018, 라이언 쿠글러

28
NOVEMBER

우주는 우리가 있어야 할 때와 장소로 인도해준다.

맨 인 블랙: 인터내셔널 | Men In Black: International | 2019, F. 게리 그레이

1
FEBRUARY

가장 밝은 별은 가장 어두운 밤에 뜬다.

BUMBLEBEE

범블비 | Bumblebee
2018, 트래비스 나이트

27
NOVEMBER

유인원은 뭉치면 강하다.

혹성탈출: 종의 전쟁
War for the Planet of the Apes
2017, 맷 리브스

2
FEBRUARY

위험한 시대에는 위험한 사람이 유리하지.

신비한 동물들과 덤블도어의 비밀
Fantastic Beasts and the Secrets of Dumbledore
2022, 데이빗 예이츠

26
NOVEMBER

사람 살려 주세요~
따따따 따따 따 따따따!

엑시트 | Exit | 2019, 이상근

3
FEBRUARY

날 미워해도 좋아. 하지만 나는 여전히 네 형제야.

아쿠아맨과 로스트 킹덤 | Aquaman and the Lost Kingdom | 2023, 제임스 완

25
NOVEMBER

검이든 총이든, 결국 사람 손에 달린 거야.

외계+인 2부 | Alienoid: Return to the Future | 2024, 최동훈

4
FEBRUARY

삶은 신의 선물이야, 즐겨야지.

조조 래빗 | Jojo Rabbit | 2020, 타이카 와이티티

24
NOVEMBER

누가 시켜서 하는 거 아녜요. 그냥… 가만있기 싫어서요.

시민덕희 | Citizen of a Kind | 2024, 박영주

5
FEBRUARY

안 보고 사는 게 몸에 좋다고 하여 눈을 감고 살면 되겠는가.

올빼미 | The Night Owl | 2022, 안태진

23
NOVEMBER

코미디는 주관적인 거예요.
그런데 사람들은 그것이 웃긴지 안 웃긴지 결정하죠.

조커 | Joker | 2019, 토드 필립스

6
FEBRUARY

드래곤 워리어도 흔들릴 수 있어. 그건 네가 진심이라는 증거야.

쿵푸팬더4 | Kung Fu Panda 4 | 2024, 마이크 미첼, 스테파니 스티네

22
NOVEMBER

말은 하는 사람보다 듣는 사람이 더 오래 기억한다.

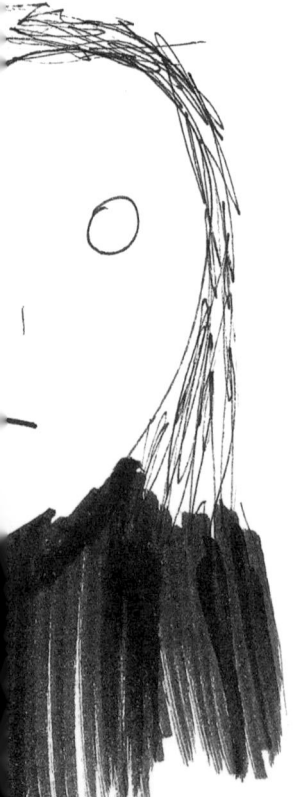

올드보이 | Oldboy | 2003, 박찬욱

7
FEBRUARY

봄도 예쁜데 푸른 봄은 얼마나 예쁘겠니.
넌 늙어본 적 없지만 난 젊어봤어.

도그데이즈 | Dog Days | 2024, 김덕민

21
NOVEMBER

우리는 자연을 지배하지 못할 뿐만 아니라,
그 아래에 종속되어 있습니다.

쥬라기 월드: 도미니언 | Jurassic World: Dominion | 2022, 콜린 트레보로우

8
FEBRUARY

세상살이가 한바탕 소풍인데, 갈 때도 그랬으면 좋겠다.

소풍 | Picnic | 2024, 김용균

20
NOVEMBER

달을 목표로 해, 꼬마야. 달을 쏴라.

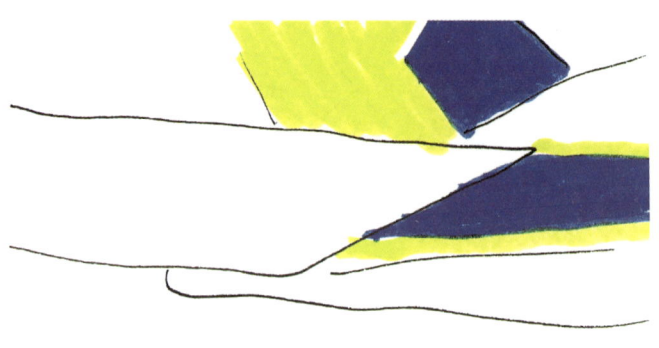

미니언즈2 | Minions: The Rise of Gru | 2022, 카일 발다

9
FEBRUARY

엄마도 하고 싶은 거 하면서 살아.

시동 | START-UP | 2019, 최정열

19
NOVEMBER

땅이야 땅. 우리 손주들이 밟고 살아가야 할 땅이라고!

파묘 | Exhuma | 2024, 장재현

10
FEBRUARY

사막은 귀를 기울이게 만들어요.
오래 들으면… 자기 마음의 소리가 들리죠.

듄: 파트2 | Dune: Part Two | 2024, 드니 빌뇌브

18
NOVEMBER

덤블도어가 내가 용기가 많은 사람이래. 하지만 틀렸어.
난 항상 당신을 잃을까봐 두려워하는걸.

신비한 동물들과 덤블도어의 비밀 | Fantastic Beasts and the Secrets of Dumbledore | 2022, 데이빗 예이츠

11
FEBRUARY

무엇보다 모든 걸 경험해야 하지.
좋은 경험뿐만 아니라 치욕, 공포, 슬픔까지도.
그래야 우리가 완전해지는 거야.

가여운 것들 | Poor Things | 2024, 요르고스 란티모스

17
NOVEMBER

넌 나처럼 될 필요 없어. 너 자신이 되면 돼.

마담 웹 | Madame Web | 2024, S.J. 클락슨

12
FEBRUARY

절대 실패하지 않는 계획이 뭔 줄 아니?
무계획이야. 무계획, 노 플랜, 왜냐?
계획을 하면 반드시 계획대로 안 되거든, 인생이….

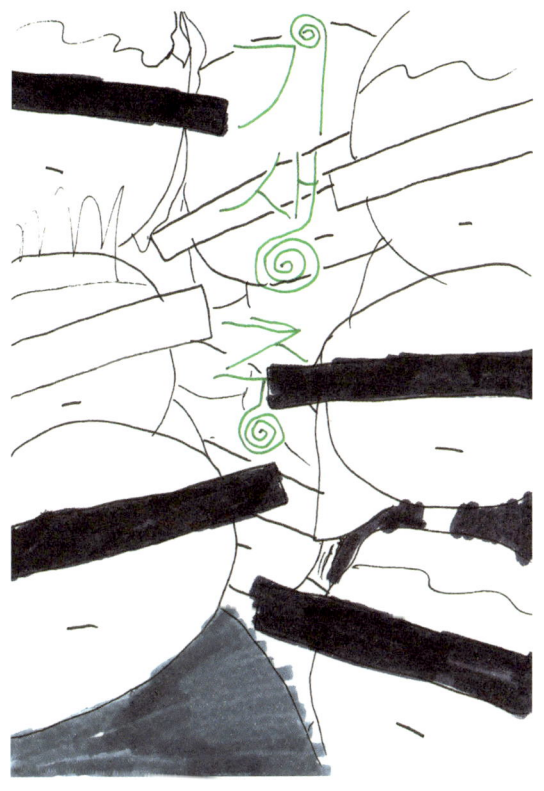

기생충 | Parasite | 2019, 봉준호

16
NOVEMBER

소유가 사람을 부유하게 하나요? 난 그런 부는 없어요.
내 부는 '삶'이에요.

밥 말리: 원 러브 | Bob Marley: One Love | 2024, 레이날도 마르쿠스 그린

13
FEBRUARY

거짓은 시스템이고 진실은 용기예요.

댓글부대 | Troll Factory | 2024, 안국진

15
NOVEMBER

우린 세상을 안다고 생각했지. 하지만 겉껍질만 겨우 건드린 거였어.

고질라 × 콩: 뉴 엠파이어 | Godzilla × Kong: the New Empire | 2024, 애덤 윈가드

14
FEBRUARY

중요한 것은 초콜릿이 아니라,
그것을 함께 나누는 사람들이란다.

웡카 | Wonka | 2024, 폴 킹

14
NOVEMBER

다 같이 살 방법을 찾는 게 우선이지 않을까요?

콘크리트 유토피아 | Concrete Utopia | 2023, 엄태화

15
FEBRUARY

<u>스스로</u> 멍청하다고 느끼는 건 괜찮아.
내가 아는 가장 똑똑하다고 하는 사람들은 다 멍청하거든.

고스트버스터즈: 오싹한 뉴욕 | Ghostbusters: the Frozen Empire | 2024, 길 키넌

13
NOVEMBER

혼자서는 아무것도 할 수 없어요.
당신의 부족을 찾으세요.
그리고 절대 그들을 놓아주지 마세요.

미니언즈2 | Minions: The Rise of Gru | 2022, 카일 발다

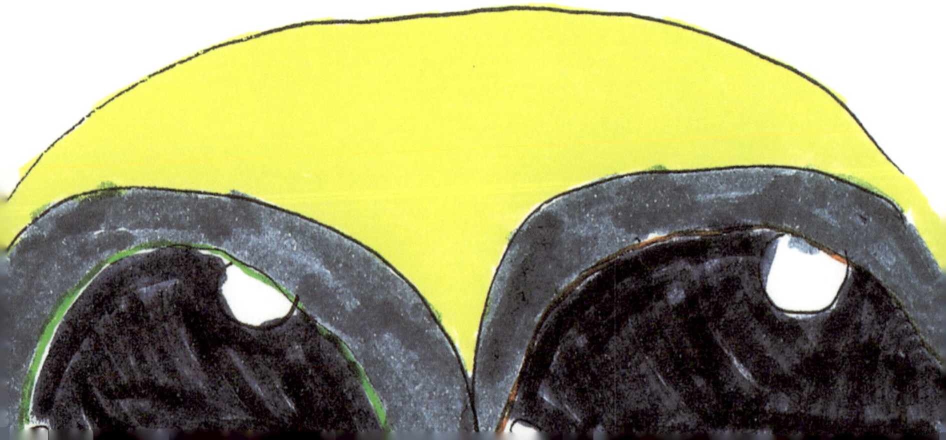

16
FEBRUARY

불가능한 것을 이루는 유일한 방법은 가능하다고 믿는 거야.

이상한 나라의 앨리스 | Alice in Wonderland | 2010, 팀 버튼

12
NOVEMBER

사막이 아름다운 건 어디엔가 우물이 숨겨져 있기 때문이야.
눈으로는 찾을 수 없어. 마음으로 찾아야 해.

어린왕자 | The Little Prince | 2015, 마크 오스본

17
FEBRUARY

넘어지지 않는 사람은 없다.
그렇지만 다시 일어나는 사람만이 앞으로 나아가는 법을 배우는 거야.

밤비 | Bambi | 1942, 데이비드 핸드, 제임스 알가 사무엘 암스트롱, 그레이엄 헤이드, 빌 로버츠,
폴 새터필드, 노만 라이트

11
NOVEMBER

꼭 쥔 주먹 안에 뭔가가 있는 것처럼 보이는 게 마술사고,
그 주먹을 펴기 전에 안에 뭐가 있는지를 맞히는 게 탐정이잖아?

명탐정 코난: 감청의 권 | Detective Conan: The Fist of Blue Sapphire | 2019, 나가오카 치카

18
FEBRUARY

네가 발버둥칠수록 형사가 가까워져.

범죄도시4 | THE ROUNDUP: PUNISHMENT | 2024, 허명행

10
NOVEMBER

그대의 빛나는 미소와 노래에
세상이 다시 깨어나는 것 같아요.

백설공주와 일곱 난쟁이 | Snow White and the Seven Dwarfs | 1959, 데이비드 핸드

19
FEBRUARY

당신의 마음은 물과 같아.
동요하면 보기 어렵지만 잠잠해지면 답이 명확해지니까!

쿵푸팬더 | Kung Fu Panda | 2008, 존 스티븐슨, 마크 오스본

9
NOVEMBER

아빠 딸로 태어나서 고맙습니다.

7번방의 선물 | Miracle in Cell No.7 | 2013, 이환경

20
FEBRUARY

난 대신 넘어지는 사람이야. 그래야 다른 사람들이 빛날 수 있으니까.

스턴트맨 | The Fall Guy | 2024, 데이빗 레이치

8
NOVEMBER

미래는 돌에 새겨져 있지 않아.
다음 장을 정하는 건 우리야.

혹성탈출: 새로운 시대 | Kingdom of the Planet of the Apes | 2024, 웨스 볼

21
FEBRUARY

사랑하는 대상은 절대 잊을 수 없어.
추억은 영원하거든, 우리 마음속에.

이프: 상상의 친구 | If | 2024, 존 크래신스키

7
NOVEMBER

무슨 일이 있어도, 시간이 얼마나 걸리든
꼭 집으로 돌아오겠다고 약속해줘.

퓨리오사: 매드맥스 사가 | Furiosa: A Mad Max Saga | 2024, 조지 밀러

22
FEBRUARY

당신이 진짜라고 믿으면 진짜가 된다.

원더랜드 | Wonderland | 2024, 김태용

6
NOVEMBER

불안은 나쁜 게 아냐. 단지 나를 준비시키는 방식일 뿐이야.

인사이드 아웃2 | Inside Out 2 | 2024, 켈시 맨

23
FEBRUARY

우리 다같이 살아서 너같이 억울한 사람 만들지 말아야지.

하이재킹 | Hijack 1971 | 2024, 김성한

5
NOVEMBER

우리가, 보기엔 험악해도 우리끼린 핸섬가이즈잖아!

핸섬가이즈 | Handsome Guys | 2024, 남동협

24
FEBRUARY

네 문제점을 알았어. 네 머릿속엔 브루노가 들어 있네!
브루노가 자꾸 말을 걸면 "닥쳐 브루노!"라고 말해.

루카 | Luca | 2021, 엔리코 카사로사

4
NOVEMBER

인생은 유니콘을 기대했는데 염소를 얻을 때도 있는 거야.

슈퍼배드3 | Despicable Me 3 | 2017, 피에르 꼬팽, 카일 발다

25
FEBRUARY

이해하려 하지 마. 느껴!

테넷 | Tenet | 2020, 크리스토퍼 놀란

3
NOVEMBER

선택도 결국 환상이야.
정말로 원해야 해.

매트릭스: 리저렉션 | Matrix: Resurrections | 2021, 라나 워쇼스키

26
FEBRUARY

기록을 남기러 왔는지, 기억을 남기러 왔는지,
그건 선수들이 판단합니다.

드림 | Dream | 2023, 이병헌

2
NOVEMBER

사랑은 그 어떤 것보다 강력해요.
모든 규칙과 법을 뛰어넘고, 어떤 군대나 정부보다 강하죠.

발레리안: 천 개 행성의 도시 | Valerian: and the City of a Thousand Planets | 2017, 뤽 베송

27
FEBRUARY

"왜 멍청한 외계인 놈 때문에 목숨을 걸어?"
"내 친구니까!"

수퍼 소닉 | Sonic the Hedgehog | 2020, 제프 파울러

1
NOVEMBER

남의 것에 집착하지 말고 내가 가진 것에 만족해라.

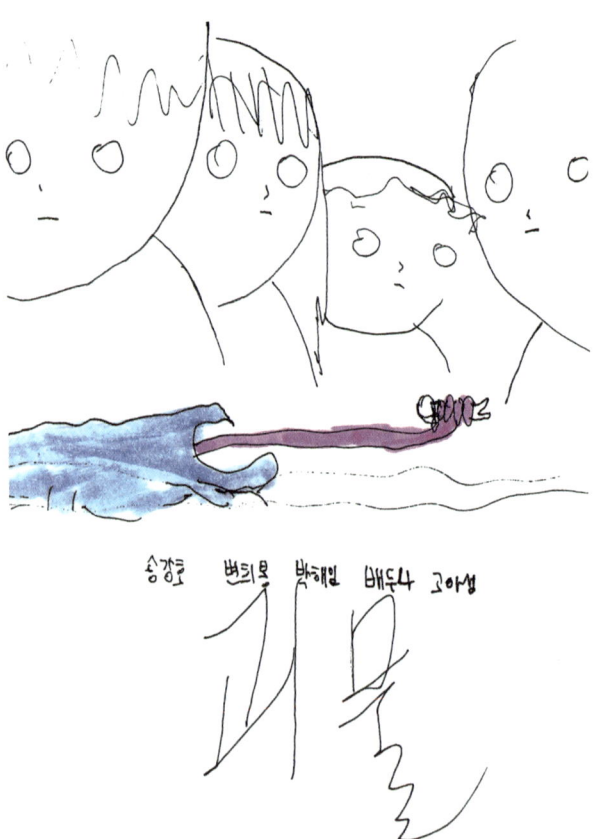

괴물 | The Host | 2006, 봉준호

28
FEBRUARY

모든 것을 가질 수는 없어. 진실만이 전부야. 그리고 진실은 아름다워.

원더우먼 1984 | Wonder Woman 1984 | 2020, 페티 젠킨스

31
OCTOBER

평화로운 일상은 못 참지!

아담스 패밀리 2 | The Addams Family 2 | 2021, 그렉 티어난, 콘래드 버논

1
MARCH

자유, 그게 무엇이지?
하나뿐인 목숨을 내가 바라는 것에 마음껏 쓰는 것!

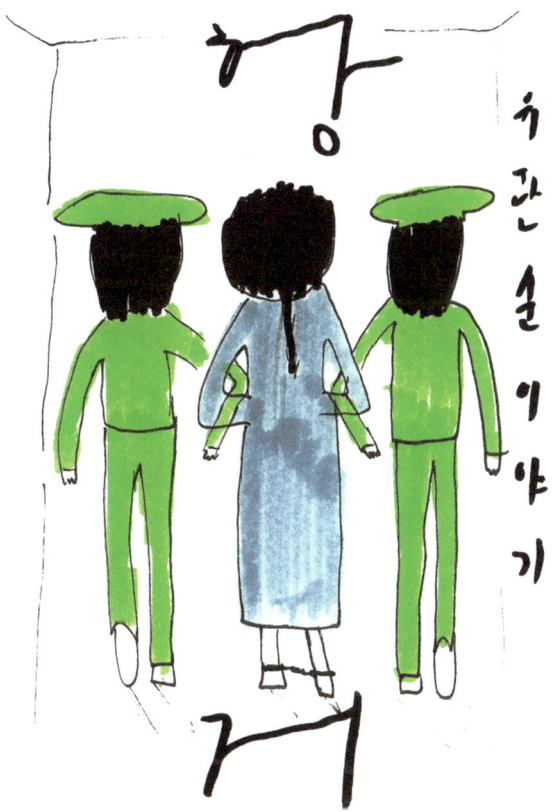

항거: 유관순 이야기 | A Resistance | 2019, 조민호

30
OCTOBER

전 경찰의 사명을 따르겠습니다.

경관의 피 | The Policeman's Lineage | 2022, 이규만

2
MARCH

지금은 캄캄하기만 할지 모르지만 언젠가는 꼭 아침이 와.

스즈메의 문단속 | Suzume | 2023, 신카이 마코토

29
OCTOBER

우리를 잊지 말아 주십시오.

화려한 휴가

화려한 휴가 | May 18 | 2007, 김지훈

3
MARCH

인간의 진정한 기능은 존재하는 것이 아니라 살아가는 것이다.

007 노 타임 투 다이 | 007 No Time to Die | 2021, 캐리 후쿠나가

28
OCTOBER

실패는 할 수 있지 않겠습네까?
해보고 싶은 걸 해보다가 실패하고, 또 해봤다가 또 실패하고.
멋지지 않습네까? 여기선 실패조차 할 수 없으니….
내 마음껏 실패해보려고 가는 겁네다.

탈주 | Escape | 2024, 이종필

4
MARCH

내 다시 태어나면 니만 챙길게.

그것만이 내 세상 | Keys to the Heart | 2018, 최성현

27
OCTOBER

나는 테러리스트가 아니다.
대한민국 독립군 대장이다.

영웅 | Hero | 2022, 윤제균

5
MARCH

옳은 일을 하는 것은 지저분하다.
당신이 옳은 것을 위해 싸우고 싶을 때도,
때로는 더럽게 싸워야 할 때도 있다.

데드풀과 울버린 | Deadpool & Wolverline | 2024, 숀 레비

26
OCTOBER

가족은 단지 중요한 것이 아니라 모든 것입니다.

슈퍼배드4 | Despicable Me 4 | 2024, 크리스 리노드, 패트릭 들라주

6
MARCH

비행은 기술이 아니라 믿음이야. 자신을 믿어.

파일럿 | Pilot | 2024, 김한결

25
OCTOBER

내가 너를 이해 못 하면 누가 널 이해하냐?
세상 사람들이 다 너한테 손가락질하고 욕해도 나는… 난 네 편이야.
그게 부부지.

크로스 | Mission: Cross | 2024, 이명훈

7
MARCH

내 프로그래밍은 너를 보호하는 것, 그 이상이야.

에이리언: 로물루스 | Ailen: Romulus | 2024, 페데 알바레즈

24
OCTOBER

진실이 사라진 재판에서, 내가 지켜야 할 건 단 하나뿐입니다.
사람입니다.

행복의 나라 | Land of Happiness | 2024, 추창민

8
MARCH

폭풍은 멈추지 않아. 우리가 할 수 있는 건 함께 맞서는 것뿐.

트위스터스 | Twisters | 2024, 정이삭

23
OCTOBER

가장 가치 있는 존중은 자신을 존중하는 것이다.

록키 발보아 | Rocky Balboa | 2007, 실베스터 스탤론

9
MARCH

누군가에게 줄 수 있는 가장 위대한 선물은 시간이다.

세븐 파운즈 | Seven Pounds | 2009, 가브리엘 무치노

22
OCTOBER

니는 누가 뭐래도 주연이다.
니도, 내도, 우리 모두가 주연이다.

빅토리 | Victory | 2024, 박범수

10
MARCH

포기하지만 않는다면 꿈은 반드시 이루어진다.

안녕, 헤이즐 | The Fault in Our Stars | 2014, 조쉬 분

21
OCTOBER

여행은 몸으로 하는 독서다.

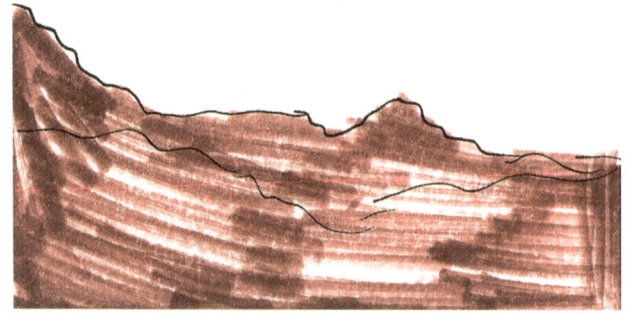

델마와 루이스 | Thelma & Louise | 1993, 리들리 스콧

11
MARCH

인생은 내가 생각하는 대로 흘러간다.

먹고 기도하고 사랑하라 | Eat Pray Love | 2010, 라이언 머피

20
OCTOBER

실패는 추락하는 것이 아니라
추락하고도 일어서지 않는 것이다.

127시간 | 127Hours | 2011, 대니 보일

12
MARCH

사람들은 다른 사람들의 열정에 끌리게 되어 있어.
자신이 잊은 걸 상기시켜 주니까.

라라랜드 | La La Land | 2016, 데미언 샤젤

19
OCTOBER

보이는 게 안 보이는 것보다 낫다.
숨어 있는 게 더 위험한 법이야.

미나리 | Minari | 2021, 정이삭

13
MARCH

바닥에 떨어지면 뭐가 좋은 줄 알아?
위로 올라갈 일만 있다는 거지!

씽 | Sing | 2016, 가스 제닝스

18
OCTOBER

죽어서도 살 것인가, 살아서 죽을 것인가?

남한산성 | The Fortress | 2017, 황동혁

14
MARCH

사탕은 꼭 의미가 있어야 하는 건 아니야.
그게 사탕이잖아.

찰리와 초콜릿 공장
Charlie and the Chocolate Factory
2005, 팀 버튼

타협해야 할 때와 밀어붙일 때를 알아야 돼.
세상 모두가 잘못을 옳다고 하더라도 나무처럼 단단히 서서
상대의 눈을 똑바로 보면서 먼저 비키라고 말하렴.

캡틴 아메리카: 시빌 워 | Captain America: Civil War | 2016, 안소니 루소, 조 루소

15
MARCH

우리는 미래를 상상하고, 우리의 의지가 그것을 현실로 만든다.

오펜하이머 | Oppenheimer | 2023, 크리스토퍼 놀란

16
OCTOBER

죽음은 힘들어…. 가끔은 인생이 더 힘든 것 같아.

비틀쥬스 비틀쥬스 | Beetlejuice Beetlejuice | 2024, 팀 버튼

16
MARCH

우리가 지켜야 할 건 법이 아니라 사람이지.

베테랑2 | I, THE EXECUTIONER | 2024, 류승완

15
OCTOBER

이 자그마한 씨앗 안에
저 커다란 나무를 만든 모든 게 들어 있어.

벅스 라이프 | A Bug's Life | 1998, 존 라세터

17
MARCH

진정한 힘은 파괴가 아니라 보호에서 나와.

트랜스포머 ONE | Transformers ONE | 2024, 조시 쿨리

14
OCTOBER

음악은 우주에 우리 말고 다른 무엇이 있음을 전하는 신의 말씀이다.
살아 있는 모든 것들을 연결하는 화음의 결합이다.

어거스트 러쉬 | August Rush | 2007, 커스틴 쉐리단

18
MARCH

시작은 초라했지만 어느새 훌쩍 커버린 우리를 봐.
난 너만 있으면 돼.

라일 라일 크로커다일 | Lyle, Lyle, Crocodile | 2023, 조쉬 고든, 윌 스펙

13
OCTOBER

죽어라 너만 뒷바라지하도록,
우리 부모님이 나 그렇게 낳지 않으셨어.

댄싱퀸 | Dancing Queen | 2012, 이석훈

19
MARCH

그들은 나를 괴물이라 불렀지만 나는 그들의 창조물이야.

조커: 폴리 아 되 | Joker: Folie à Deux | 2024, 토드 필립스

12
OCTOBER

비겁한 변명입니다!

실미도 | Silmido | 2003, 강우석

20
MARCH

알려줘야지.
우리는 끝까지 싸우고 있다고.

암살 | Assassination | 2015, 최동훈

11
OCTOBER

엄마는 늘 전진을 위해서는
과거를 정리해야 한다고 말씀하셨죠.
내가 달린 것도 그래서였나봐요.

포레스트 검프 | Forrest Gump | 1994, 로버트 저메키스

21
MARCH

자신에 대한 확신이 없는 사람이 많아요.
자신의 부정적인 면에 너무 집착해서 자신의 근사한 점들을 놓쳐버리죠.

아이 필 프리티 | I Feel Pretty | 2018, 에비 콘, 마크 실버스테인

10
OCTOBER

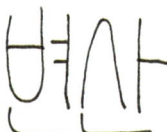

첫사랑은
이루어지지 않음으로써 완성되는 것이다.

변산 | Sunset in My Hometown | 2018, 이준익

22
MARCH

깊은 바다에 버려요.
아무도 못 찾게요.

헤어질 결심 | Desicion to Leave | 2022, 박찬욱

9
OCTOBER

복숭아 하나에 씨가 몇 개인지는 누구나 알지만,
복숭아씨 하나에 몇 개의 복숭아가 있는지는 아무도 모릅니다.

나랏말싸미 | The King´s Letters | 2019, 조철현

23
MARCH

제가 살던 세상도 그리 나쁘지 않았어요.

반도 | Peninsula | 2020, 연상호

8
OCTOBER

잘못된 일만 신경 쓰지는 마.
상황을 되돌릴 방법은 항상 있으니까!

인사이드 아웃 | Inside Out | 2015, 피트 닥터

24
MARCH

우리 자신도 꿈을 꿀 자격이 있습니다!

육사오 | 6/45 | 2022, 박규태

7
OCTOBER

네가 너인 게 네 약점이 될 수는 없어.

대도시의 사랑법 | Love in the Big City | 2024, 이언희

25
MARCH

완벽한 가족은 없지만 완벽한 척하는 가족은 위험해.

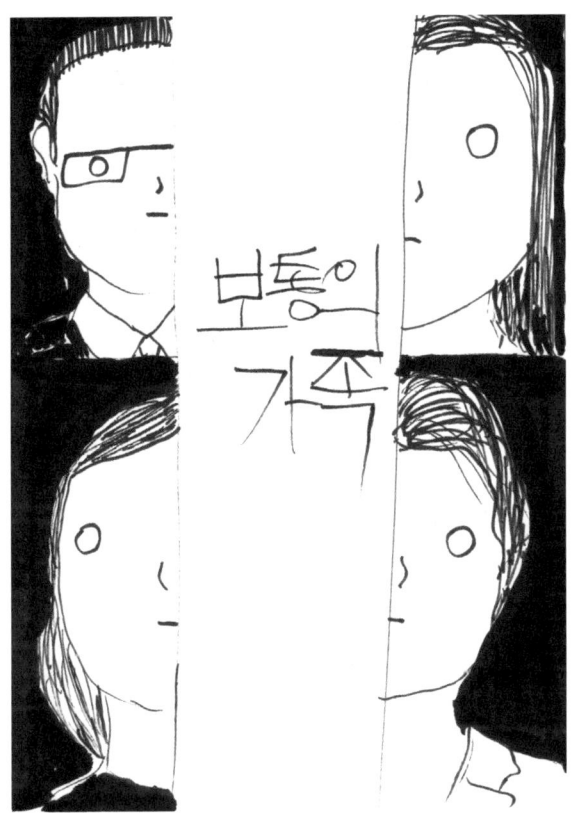

보통의 가족 | A Normal Family | 2024, 허진호

6
OCTOBER

난 널 만나서 더 나은 괴물이 됐어.

베놈: 라스트 댄스 | Venom: the Last Dance | 2024, 켈리 마르셀

26
MARCH

나는 형사범이 아니라 전쟁 포로다.

영웅 | Hero | 2022, 윤제균

5
OCTOBER

우리 평생 나쁜 녀석들이었잖아. 이제는 좋은 사람이 될 때야.

나쁜 녀석들: 포에버 | Bad Boys For Life | 2020, 아딜 엘 아르비, 빌랄 팔라

27
MARCH

자산어보

내가 바라는 것은
양반도 임금도 필요 없는 그런 세상이다.

자산어보 | The Book of Fish | 2021, 이준익

4
OCTOBER

내 절친이 힘든 시간을 이겨내게 돕고 있어.
그게 진짜가 아니면 뭐가 진짜겠어?

프리 가이 | Free Guy | 2021, 숀 레비

28
MARCH

지금 우리에겐 압도적인 승리가 필요하다!

한산: 용의 출현 | Hansan: The Rising Dragon | 2022, 김한민

진정한 사랑을 하고자 한다면
자신을 먼저 사랑해야 해.

미녀와 야수 | Beauty and the Beast | 2017, 빌 콘돈

29
MARCH

착한 일을 하면 정말 좋아져요.
꼬리부터 찌릿찌릿하게 느끼고 온몸이 반응하거든요.

배드 가이즈 | The Bad Guys | 2022, 피에르 페리펠

2
OCTOBER

시련은 있지만 실패는 없는 거야.

국제시장 | Ode to My Father | 2014, 윤제균

30
MARCH

그 사람이라 사랑한 게 아니라,
사랑하고 보니 그 사람이었다는….

바이러스 | Virus | 2025, 강이관

1
OCTOBER

작은 작품은 있어도 작은 배우는 없는 법이니까.

스위치 | Switch | 2023, 마대윤

31
MARCH

나는 상상하는 사람이 되고 싶어요. 아이디어가 아니라요. 이해되나요?

바비 | Barbie | 2023, 그레타 거윅

30
SEPTEMBER

아무도 믿어주지 않았음에도 그는 혼자서 이곳을 지키고 있었어.

고스트버스터즈 라이즈 | Ghostbusters: Afterlife | 2021, 제이슨 라이트맨

1
APRIL

사람들은 기적의 능력을 갖고서도 그걸 잊고 나한테 소원을 빌지.
기적을 보고 싶나? 자네 스스로 기적을 만들어봐!

브루스 올마이티 | Bruce Almighty | 2003, 톰 새디악

29
SEPTEMBER

우리 모두 같이 있잖아. 그럼 된 거야.
무슨 일이 있어도 상관없어.

그린랜드 | Greenland | 2020, 릭 로먼 워

2
APRIL

짠했어. 평생 말 한마디 안 통하다가 말 한마디 통한 느낌?
"믿고 따라와"라고 하는 그런 느낌.
처음으로 형다웠다는 느낌….

녹턴 | Nocturn | 2022, 정관조

28 SEPTEMBER

됐어!!! 애국했어!!!

이웃사촌

이웃사촌 | Best Friend | 2020, 이환경

3
APRIL

우리 삶은 단 한 번의 행동으로 규정되지 않아.
우리 삶은 선택들의 총합이야.

미션 임파서블: 파이널 레코닝 | Mission: Impossible-the Final Reckoning | 2025, 크리스토퍼 맥쿼리

27
SEPTEMBER

살아가다 보니까… 진실이 두 개인 경우도 있습니다.

모가디슈 | Escape From Mogadishu | 2021, 류승완

4
APRIL

내 경험에 따르면 도망치고 숨는다고 달라지는 건 없었어.
다른 선택지는 늘 있더라고. 옳은 선택을 할 용기가 없을 뿐이지.

씽2게더 | Sing 2 | 2022, 가스 제닝스

26
SEPTEMBER

때가 되면 뭐가 될지 스스로 결정해야 해.
그 결정을 남에게 맡기지 마.

히든 피겨스 | Hidden Figures | 2017, 데오도르 멜피

5
APRIL

당신을 위해 최고의 악당이 될게요.

미니언즈2 | Minions: The Rise of Gru | 2022, 카일 발다

25
SEPTEMBER

우린 우리 부족의 생존을 위해서만 활을 쏜다.

아마존 활명수 | Amazon Bullseye | 2024, 김창주

6
APRIL

내가 유일하게 아는 것은 우리 모두 다정해야 한다는 거야.
다정함을 보여줘.
특히 우리가 무슨 일이 일어나고 있는지 모를 때 말이야.

에브리씽 에브리웨어 올 앳 원스 | Everything Everywhere All At Once | 2022, 다니엘 콴, 다니엘 쉐이너트

24
SEPTEMBER

계란으로 바위치기….
바위는 강하지만 죽은 것이고, 계란은 약하지만 산 것입니다.
계란은 살아서 바위를 뛰어 넘습니다.

변호인 | The Attorney | 2013, 양우석

7
APRIL

길을 잃는 건 새로운 길을 찾는 첫걸음이야.

모아나2 | Moana 2 | 2024, 데이비드 G. 데릭 주니어

23
SEPTEMBER

우린 답을 찾을 것이다. 늘 그랬듯이….

인터스텔라 | Interstella | 2014, 크리스토퍼 놀란

8
APRIL

한 시간만 정상으로 돌아가면 뭘 하고 싶어?

모비우스 | Morbius | 2022, 다니엘 에스피노사

22
SEPTEMBER

THE CHEF

내 인생에 일어난 모든 좋은 일은 요리 때문에 생겼어.

아메리칸 셰프 | Chef | 2015, 존 파브로

9
APRIL

나의 약점을 받아들였을 때
삶의 주도권이 나에게로 넘어왔다.

8마일 | 8Mile | 2003, 커티스 핸슨

21
SEPTEMBER

뒤통수에 왜 눈이 없는지 아네?
뒤도 돌아보지 말고 가라우.

백두산 | ASHFALL | 2019, 이해준, 김병서

10
APRIL

너와 함께한 여름, 내 인생의 가장 따뜻한 계절이었어.

청설 | Hear Me : Our Summer | 2024, 조선호

20
SEPTEMBER

오늘을 즐겨라, 얘들아!
너희들의 삶을 특별하게 만들어라!

죽은 시인의 사회 | Dead Poets Society | 1990, 피터 위어

11
APRIL

너 거기 있고 나 여기 있지?
아니지, 너 여기 있고 나 거기 있지?

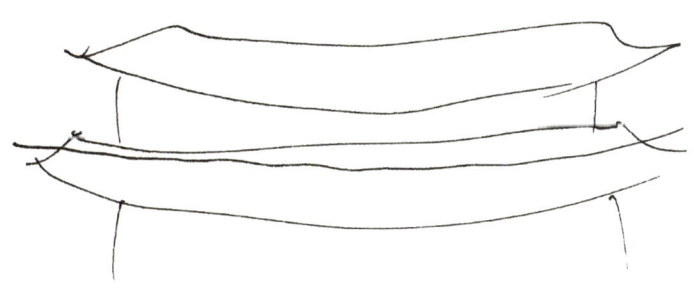

왕의 남자 | King and the Clown | 2005, 이준익

19
SEPTEMBER

상처를 정확히 알아야
고통으로부터 자유로워질 수 있다.

양들의 침묵 | The Silence Of The Lambs | 1991, 조나단 드미

12
APRIL

진실은 언젠가 밝혀진다. 그게 법이야.

검사외전 | A Violent Prosecutor | 2016, 이일형

18
SEPTEMBER

그 누구도 아닌 자기 걸음을 걸어라.
나는 독특하다는 것을 믿어라.
누구나 몰려가는 줄에 설 필요는 없다.
자신만의 걸음으로 자기 길을 가거라.

죽은 시인의 사회 | Dead Poets Society | 1990, 피터 위어

13
APRIL

자기 혼자 빛나는 별은 없어.
별은 다 빛을 받아서 반사하는 거야.

라디오 스타 | Radio Star | 2006, 이준익

17
SEPTEMBER

고물이랑 보물은 한 끗발 차이다.
시간이 지나면 보물이 되는 거야.

도굴 | Collectors | 2020, 박정배

14
APRIL

별은 빛나는 게 아니라 타오르고 있는 거야.

엔칸토: 마법의 세계 | Encanto | 2021, 바이론 하워드, 자레드 부시, 채리스 카스트로

16
SEPTEMBER

두려움보다 강한 유일한 것은 희망이다.

헝거 게임: 판엠의 불꽃 | The Hunger Games | 2012, 게리 로스

15
APRIL

무엇이든 특별하다고 믿는 순간 특별해지는 거야.

쿵푸 팬더 | Kung Fu Panda | 2008, 마크 오스본, 존 스티븐슨

15
SEPTEMBER

우리는 신기한 것들을 찾으려고 우주 멀리까지 헤맸어요.
하지만 사실 이 세상에서 가장 놀라운 것들은 우리별에 있죠.

지구: 놀라운 하루 | Earth: One Amazing Day | 2018, 피터 웨버

16
APRIL

우리는 우리 운명의 주인이야.

토이 스토리 3 | Toy Story 3 | 2010, 리 언크리치

14
SEPTEMBER

난 더 이상 네가 두렵지 않아.

그것 | It | 2017, 안드레스 무시에티

17
APRIL

항상 네 곁에 있을게.

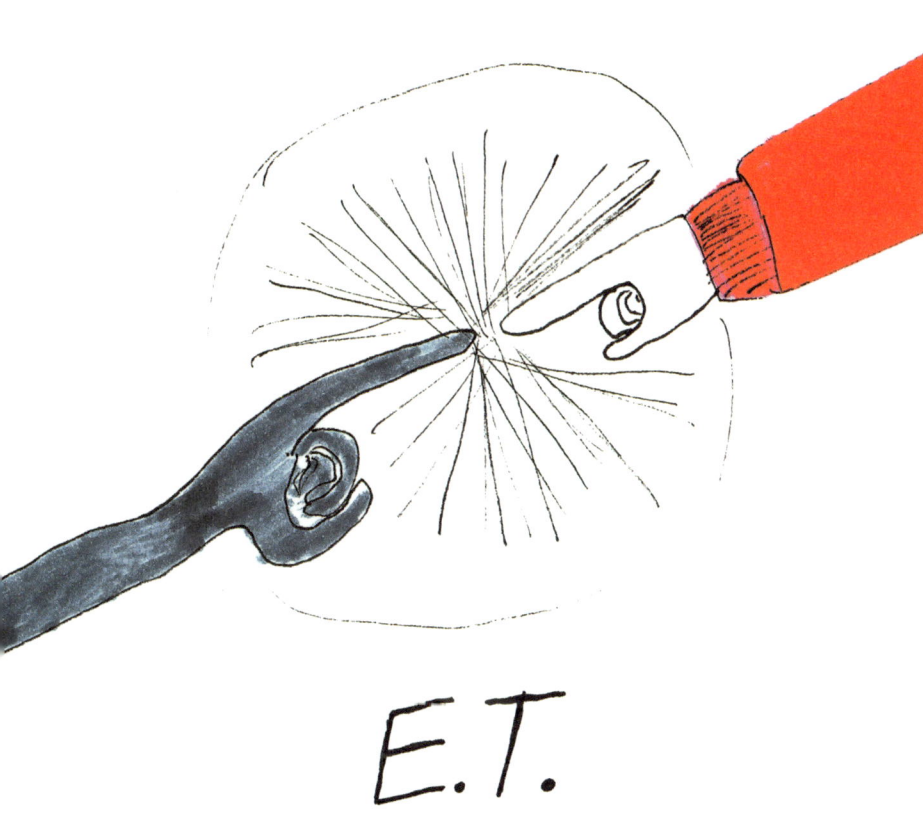

E.T. | E.T. | 1984, 스티븐 스필버그

13
SEPTEMBER

장난감의 가장 소중한 사명은
끝까지 아이 곁을 지켜주는 거야.

토이 스토리 4 | Toy Story 4 | 2019, 조시 쿨리

18
APRIL

앤디가 크는 걸 막을 순 없겠지.
그래도 괜찮아. 함께할 동안은 행복할 테니까.

토이 스토리 | Toy Story | 1995, 존 라세터

12
SEPTEMBER

마법보다 더 강력한 건 수학이죠!

스파이더맨: 노 웨이 홈 | Spider-Man: No Way Home | 2021, 존 왓츠

19
APRIL

힘들고 어렵게 찍은 것들은
그 에너지가 온전히 화면에 담긴다.

거미집 | COBWEB | 2023, 김지운

11
SEPTEMBER

우리는 패배하지 않았어. 단지 물러섰을 뿐이지.

콩: 스컬 아일랜드 | Kong: Skull Island | 2017, 조던 복트-로버츠

20
APRIL

"예쁘게 그려주세요~"
"원래 예쁜데요, 뭘!"

니얼굴 | Please Make Me Look Pretty | 2022, 서동일

10
SEPTEMBER

세상의 수많은 사람들이 잘못을 저지른다.
그리고 그 중 일부만이 용기를 내어 진심으로 사과를 하며,
또 그 중 정말 극소수가 진심으로 용서를 한다.

신과 함께-죄와 벌 | Along with the Gods: The Two Worlds | 2017, 김용화

21
APRIL

실패를 두려워하지 마.
기회를 놓치는 걸 두려워해야지!

카3: 새로운 도전 | Cars 3 | 2017, 브라이언 피

9
SEPTEMBER

나는 두려워하지 않을 것이다. 두려움은 정신을 갉아먹는 살인자다.
결국 남는 건 오직 나뿐이다.

듄 | Dune | 2021, 드니 빌뇌브

22
APRIL

혼자 안 할 겁니다. 팀원들이랑 같이 할 겁니다.

리바운드 | Rebound | 2023, 장항준

8
SEPTEMBER

쥬만지: 새로운 세계 | Jumanji: Welcome to the Jungle | 2018, 제이크 캐스단

23
APRIL

가끔은 아무것도 하지 않는 것이 가장 중요한 무언가를 하는 거야.

곰돌이 푸 다시 만나 행복해 | Christopher Robin | 2018, 마크 포스터

7
SEPTEMBER

누군가를 비판하고 싶을 때는 이 점을 기억해주는 게 좋을 거다.
세상 모든 사람이 다 너처럼 유리한 입장에 서 있지 않다는 것을….

위대한 개츠비 | The Great Gatsby | 2013, 바즈 루어만

24
APRIL

중요한 건 밖에 있는 게 아니라 안에 있는 거죠.

알라딘 | Aladdin | 2019, 가이 리치

6
SEPTEMBER

진정한 자유는 검으로 얻는 것이 아니라 마음으로 쟁취하는 것이다.

글래디에이터2 | Gladiator II | 2024, 리들리 스콧

25
APRIL

한 인간의 인생에서 위대한 두 날이 있다.
우리가 태어나는 날과 왜 태어났는지 증명하는 날.

뮬란 | Mulan | 2020, 니키 카로

5
SEPTEMBER

난 미친 게 아니야. 내 방식으로 이성적인 거지.

버즈 오브 프레이(할리 퀸의 황홀한 해방)
Birds of Prey (and the Fantabulous Emancipation of one Harley Quinn) | 2020, 캐시 얀

26
APRIL

10년 뒤의 행복보다는 지금 당장, 오늘의 행복이 더 중요하다.

싱크홀 | Sinkhole | 2021, 김지훈

4
SEPTEMBER

너희들은 모두 무사할 거야. 왜 그런지 아니?
내 딸들은 세상에서 가장 강한 여자니까.
너희들이 서로 돕는다면 모든 게 다 좋아질 거야.

블랙 위도우 | Black Widow | 2021, 케이트 쇼트랜드

27
APRIL

사랑하는 사람에겐 이별이 없어.
늘 곁에 살아 있지. 이 가슴속에….

해리포터와 아즈카반의 죄수 | Harry Potter and the Prisoner of Azkavan | 2004, 알폰소 쿠아론

3
SEPTEMBER

무서워.
하지만 멈추고 싶진 않아.

툼레이더 | Tomb Raider | 2018, 로아 우타우

28
APRIL

싸움에 있어 죽고자 하면 반드시 살고
살고자 하면 죽는다.

명량 | Roaring Currents | 2014, 김한민

2
SEPTEMBER

내가 다르다는 건 나만의 힘이 있다는 뜻이야.

위키드 | Wicked | 2024, 존 추

29
APRIL

다 처먹을라다가 전부를 잃는 기야.

공조2: 인터내셔날 | Confidential Assignment 2: International | 2022, 이석훈

1
SEPTEMBER

당신의 키, 색깔은 아무 상관 없어요.
저는 당신이 어떤 모습이든 멀린이라는 그 자체가 좋아요.

레드 슈즈 | Red Shoes and the Seven Dwarfs | 2019, 홍성호

30
APRIL

넌 아버지의 일부지만, 어머니의 일부이기도 해.
그 둘을 모두 안고 나아가야 해.

샹치와 텐 링즈의 전설 | Shang-Chi and the Legend of the Ten Rings | 2021, 데스틴 크리튼

31
AUGUST

사랑은 자유를 주는 거야.
붙잡는 게 아니야.

미녀와 야수 | Beauty and the Beast | 2017, 빌 콘돈

1
MAY

MALEFICENT
MISTRESS OF EVIL

가장 강한 건, 다르다는 걸 두려워하지 않는 거야.

말레피센트2
Maleficent: Mistress of Evil
2019, 요아킴 뢰닝

30
AUGUST

누군가를 사랑할 땐 결점까지 받아들여야 한댔어.

베놈2: 렛 데어 비 카니지 | Venom2: Let There be Carnage | 2021, 앤디 서키스

2
MAY

네가 간절히 원한다면 넌 할 수 있어.
하지만 넌 하고 또 하고 또 해야 해.
그럼 마침내 할 수 있을 거야.

인어공주 | The Little Mermaid | 1991, 론 클레멘츠, 존 머스커

29
AUGUST

작다고 약한 건 아니야.
우린 함께일 때 가장 강해.

넛잡 2 | The Nut Job 2: Nutty by Nature | 2017, 캘런 브런커

3
MAY

그대들은 무엇으로부터 도망가는가?
무릇 악한 일이 작다 해도 행하면 안 되는 법.
어찌 인간으로 태어나 염치를 모르고 사는가?

외계+인 1부 | Ailenoid | 2022, 최동훈

네가 있는 바로 그곳에서 행복을 찾아야 해.

모아나 | Moana | 2017, 론 클레멘츠, 존 머스커

4
MAY

사랑은 저런 거죠. 하늘을 나는 느낌….

노팅 힐 | Notting Hill | 1999, 로저 미첼

27
AUGUST

때로는 우리가 세상을 바꾸기 위해 일어서는 것이 아니라, 세상이 우리를 무릎 꿇게 하지 못하도록 일어서는 거예요.

에놀라 홈즈 2 | Enola Holmes 2 | 2022, 해리 브래드비어

5
MAY

지난 일에 대해서 새로운 눈물을 낭비하지 말아라.

신과 함께-죄와 벌 | Along with the Gods: The Two Worlds | 2017, 김용화

26
AUGUST

운명은 우리 안에 숨 쉬고 있어.
그 운명을 들여다 볼 용기가 필요할 뿐….

메리다와 마법의 숲 | Brave | 2012, 마크 앤드류스, 브렌다 채프먼

6
MAY

하지만 우리가 볼 수 없어도
별은 항상 그 자리에 있잖아.
멋진 말이지 않아?

스노우몬스터 | Abominable
2019, 질 컬튼, 토드 와일더먼

25
AUGUST

넌 토니 스타크가 아니야. 그리고 그 누구도 될 수 없어.
하지만 넌 스파이더맨이야.

스파이더맨: 파 프롬 홈 | Spider-Man: Far From Home | 2019, 존 왓츠

7
MAY

이기는 것은, 증오하는 것을 파괴하는 것이 아니라
사랑하는 것을 지키는 거예요.

스타워즈: 라스트 제다이 | Star Wars: The Last Jedi | 2017, 라이언 존슨

24
AUGUST

우리는 모두 어딘가 부서져 있어.
하지만 그 조각이 우리를 더 특별하게 만들어.

신비한 동물사전 | Fantastic Beasts and Where to Find Them | 2016, 데이빗 예이츠

8
MAY

모험이란 건 목적지가 아니라, 그 여정을 함께하는 거야.

정글 크루즈 | Jungle Cruise | 2021, 자움 콜렛 세라

아빠가 남겨준 제일 큰 유산은
오늘을 값진 하루로 만드는 거예요.

스트레인지 월드 | Strange World | 2022, 돈 홀, 꾸이 응우옌

9
MAY

너의 미래에 지금 같은 세상을 물려주기 싫어서….
난 투쟁해야 했어.

에놀라 홈즈 | Enola Holmes | 2020, 해리 브래드비어

22
AUGUST

경험은 결코 늙지 않는다.
경험은 결코 시대에 뒤떨어지지 않는다.

인턴 | The Intern | 2015, 낸시 마이어스

10
MAY

왕은 나라를 위해 싸우지만, 영웅은 세상을 위해 싸운다.

아쿠아맨 | Aquaman | 2018, 제임스 완

21
AUGUST

거만함과 두려움이
네가 가장 간단하고 의미 있는 것들을
배우지 못하게 한다.

닥터 스트레인지 | Doctor Strange | 2016, 스콧 데릭슨

11
MAY

진실은 감춰져 있었던 게 아니라, 너무 가까이 있어서 못 본 거야.

헌트 | Hunt | 2022, 이정재

20
AUGUST

이 일엔 정답이 없어.
그냥 우리 방식대로 해보는 거야.

해치지 않아 | Secret Zoo | 2020, 손재곤

12
MAY

네가 모든 일을 해결할 수 없다는 걸 알게 돼서 다행이야.
이제부터 올바른 선택을 하면 돼.

토르: 천둥의 신 | Thor | 2011, 케네스 브래너

19
AUGUST

인류의 발전이 더디게 느껴질 수도 있지만
그들이 그 과정에서 무엇을 배울진 아무도 모르지.

이터널스 | Eternals | 2021, 클로이 자오

인간은 이해하지 못하는 것을 두려워한단다.

맨 오브 스틸 | Man of Steel | 2013, 잭 스나이더

18
AUGUST

선한 의도로 시작한 일이 항상 좋은 결과를 낳진 않아.

모비우스 | Morbius | 2022, 다니엘 에스피노사

14
MAY

짐승은 절대 자기보다 큰 놈에게 덤비지 않아.
그리고 악도 언제나 그런 식으로 우릴 절망시키지.
너희들도 짐승과 다를 바 없다고.
하지만 신은 인간을 그렇게 만들지 않았어.

검은 사제들 | The Priests | 2015, 장재현

17
AUGUST

태어나줘서 고마워.

브로커 | Broker | 2022, 고레에다 히로카즈

15
MAY

신념을 가진 사람이 가장 무섭다.
신념을 가진 사람은 진실을 알 생각이 없다.
강한 신념이야말로 거짓보다 더 위험한 진리의 적이다.

나랏말싸미 | The King's Letters | 2019, 조철현

16
AUGUST

이건 생존의 문제가 아니야.
존재의 문제야.

에이리언: 커버넌트 | Alien: Covenant | 2017, 리들리 스콧

16
MAY

정말 멋지려면 규칙을 지켜야 해.
뭐가 옳고 그른지는 모두 알고 있어.

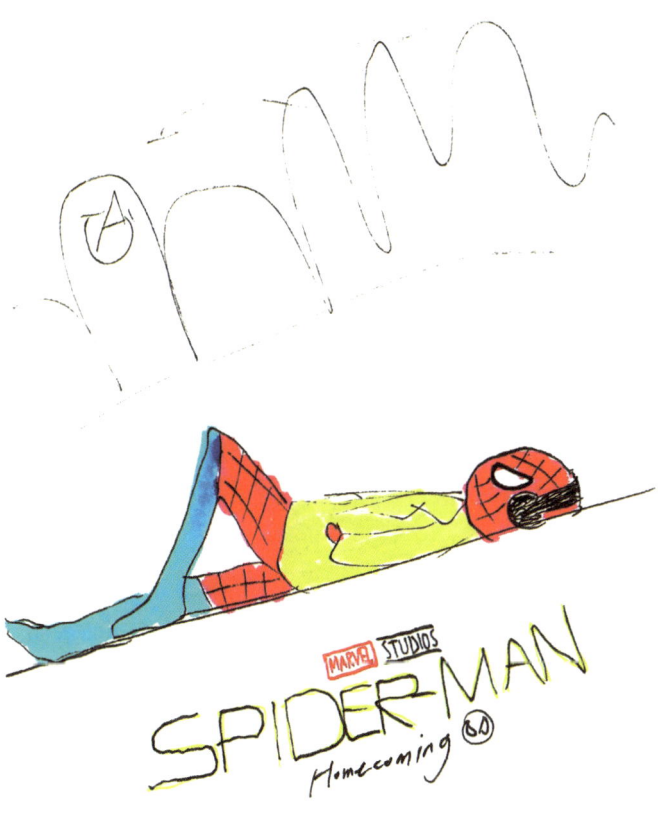

스파이더맨: 홈커밍 | Spider-Man: Homecoming | 2017, 존 왓츠

15
AUGUST

난 머리로 화살을 쏘지 않아,
마음으로 쏘지.

가디언즈 오브 갤럭시 VOL.2 | Guardians of the Galaxy Vol. 2 | 2017, 제임스 건

17 MAY

두려움을 없앨 순 없어. 그건 본능이야.
두려움을 받아들이고 견뎌나가다 보면
진정한 용기를 찾게 될 거야.

굿 다이노 | The Good Dinosaur | 2016, 피터 손

14
AUGUST

잊지 않겠다고 말하는 사람은 많았지만
기억하겠다고 말한 사람은 없었어요.

아이 캔 스피크 | I Can Speak | 2017, 김현석

18
MAY

데모한 사람이 천벌 받으면
데모를 하게 한 사람은 무슨 벌을 받아요?

택시운전사 | Taxi Driver | 2017, 장훈

13
AUGUST

잊혀진 죄는 반복된다.

리멤버 | Remember | 2022, 이일형

19
MAY

나는 네가 어떤 동물인지 신경 안 써.
네가 어떤 존재인지만 중요해.

정글북 | The Jungle Book | 2016, 존 파브로

영화는 말야,
스크린을 통해 현대랑 과거를 이어준다고 생각해.
난 내 영화를 통해 미래를 연결하고 싶어.

썸머 필름을 타고! | It's a Summer Film | 2022, 마츠모토 소우시

드래곤을 죽이는 게 용기가 아니야.
드래곤을 이해하는 게 진짜 용기야.

드래곤 길들이기 | How to Train Your Dragon
2010, 딘 데블로이스, 크리스 샌더스

11
AUGUST

진짜 용기는 무서워도 지켜야 할 걸 지키는 거야.

신비아파트: 금빛 도깨비와 비밀의 동굴 | The Haunted House: The Secret of the Cave | 2018, 김병갑

21
MAY

"내가 널 믿는 건, 네가 할 수 있어서가 아니야.
포기하지 않을 거란 걸 아니까.

앤트맨과 와스프 | Ant-Man and the Wasp | 2018, 페이튼 리드

10
AUGUST

하늘 위에선 누구도 완벽하지 않아.
하지만 누군가는 조종간을 잡아야 해.

비상선언 | Emergency Decleration | 2022, 한재림

22
MAY

이기기 위해 수단을 가리지 않으면, 결국 지는 거예요.

킹메이커 | Kingmaker | 2022, 변성현

9
AUGUST

가란다고 진짜 가버릴 거면 가버려!!

조제 | Josee | 2020, 김종관

23
MAY

이건 나침반이 아니야. 원하는 걸 가리키는 거야.

캐리비안의 해적: 블랙 펄의 저주 | Pirates of the Caribbean: The Curse of the Black Pearl
2003, 고어 버빈스키

8
AUGUST

사람을 사랑하는 것이 내 삶의 목적이었다.

안녕 베일리 | A Dog's Journey | 2019, 게일 맨쿠소

24
MAY

불길보다 무서운 건 우리가 포기하는 거야.

소방관 | Firefighters | 2024, 곽경택

7
AUGUST

사랑은 내가 어떤 존재인지가 아니라
내가 어떻게 느끼게 해주는지에 관한 거예요.

셰이프 오브 워터: 사랑의 모양 | The Shape of Water | 2018, 기예르모 델 토로

25
MAY

너 자신을 먼저 사랑해야 해.
그래야 누군가를 사랑할 수 있어.

로켓맨 | Rocket Man | 2019, 덱스터 플레쳐

6
AUGUST

인간들은 1500년 전에는 지구가 우주의 중심이라고 생각했고,
500년 전에는 지구가 평면이라고 생각했어.
5분 전에 자네는 지구에는 인간만 사는 줄 알았지.
내일은 또 어떤 진실이 기다릴까?

맨 인 블랙 | Men In Black | 1997, 배리 소넨필드

26
MAY

엉망이라도 괜찮아요.
그 부족함을 메워줄 다정하고 인내심 많고 너그러운 사람을
우주가 보내줄 테니까.

에브리씽 에브리웨어 올 앳 원스 | Everything Everywhere All At Once | 2022, 다니엘 콴, 다니엘 쉐이너트

5
AUGUST

당신이 가르쳐줬지.
약자를 돕는 게 가장 위대한 일임을….

토르: 러브 앤 썬더 | Thor: Love and Thunder | 2022, 타이카 와이티티

27
MAY

호흡을 가다듬고 네 마음을 들여다봐.
그 속에 깃든 빛과 어둠을….
자신을 제대로 알려면 그 둘 모두와 대면해야 해.

샹치와 텐 링즈의 전설 | Shang-Chi and the Legend of the Ten Rings | 2021, 데스틴 크리튼

4
AUGUST

모든 남자의 특별한 여자는… 엄마지.

배트맨 대 슈퍼맨: 저스티스의 시작 | Batman v Superman: Dawn of Justice | 2016. 잭 스나이더

점프대 끝에서 무섭지 않은 사람은 없어요.

국가대표 | Take-Off | 2009, 김용화

3
AUGUST

과거와 화해해야 미래를 꿈꿀 수 있어.

분노의 질주: 더 얼티메이트 | Fast & the Furious: The Fast Saga | 2021, 저스틴 린

29
MAY

감옥은 벽이 아니라 두려움이야.

프리즌 이스케이프 | Escape from Pretoria | 2020, 프란시스 아난

2
AUGUST

거꾸로 가보는 건 어때?
최대한 빠르게 거꾸로 페달을 꾹 밟는 거지.
앞으로만 갈 필요는 없어.

레디 플레이어 원 | Ready Player One | 2018, 스티븐 스필버그

30
MAY

넌 생각이 너무 많아. 그래서 총알보다 느려.

불릿 트레인 | Bullet Train | 2022, 데이빗 레이치

1
AUGUST

속도는 너를 자유롭게 하지만
책임은 너를 사람답게 만들어.

탑건: 매버릭
Top Gun: Maverick
2022, 조셉 코신스키

31
MAY

핵보다 더 무서운 건 믿음이 없는 대화입니다.

강철비2: 정상회담 | Steel Rain 2. Summit | 2020, 양우석

31
JULY

인생은 축복이니 낭비하면 안 되죠.

타이타닉 | Titanic | 1998, 제임스 카메론

1
JUNE

부끄러움을 아는 건 부끄러운 게 아니야.
부끄러운 것을 모르는 게 더 부끄러운 거지.

동주
DongJu: The Portrait of a Poet
2016, 이준익

30
JULY

언제나 주인공은 너였어. 너는 그걸 몰랐을 뿐.

가디언즈 오브 갤럭시 VOL. 3 | Guardians of the Galaxy VOL. 3 | 2023, 제임스 건

2
JUNE

한 번뿐인 인생인데, 남 눈치 보느라 다 버릴 순 없잖아.

수상한 그녀 | Miss Granny | 2014, 황동혁

29
JULY

지금 이 순간에도 누군가는 누군가를 지키고 있어요.

해운대 | Haeundae | 2009, 윤제균

3
JUNE

그 사람들이 농인과 상대하는 법을 배우게 해야지.
우린 무력하지 않아.

코다 | Coda | 2021, 션 헤이더

28
JULY

니가 누군지 중요하지 않아.
내가 누군지가 더 중요하지.

범죄도시2 | THE ROUND-UP | 2022, 이상용

4
JUNE

포기하지만 않으면 아직 끝난 게 아니야.

더 퍼스트 슬램덩크 | The First Slam Dunk | 2023, 이노우에 다케히코

27
JULY

우리가 바꿀 수 있는 건 경기 결과가 아니라
서로에 대한 믿음이야.

1승 | One Win | 2024, 신연식

5
JUNE

우리가 이 일을 하는 이유는
불가능이란 단어를 지우기 위해서야.

퍼스트맨 | The First Man | 2018, 데미언 샤젤

26
JULY

과거는 바꿀 수 없지만 오늘은 우리가 만들 수 있어.

쿵푸팬더2 | Kung Fu Panda 2 | 2011, 제니퍼 여 넬슨

6
JUNE

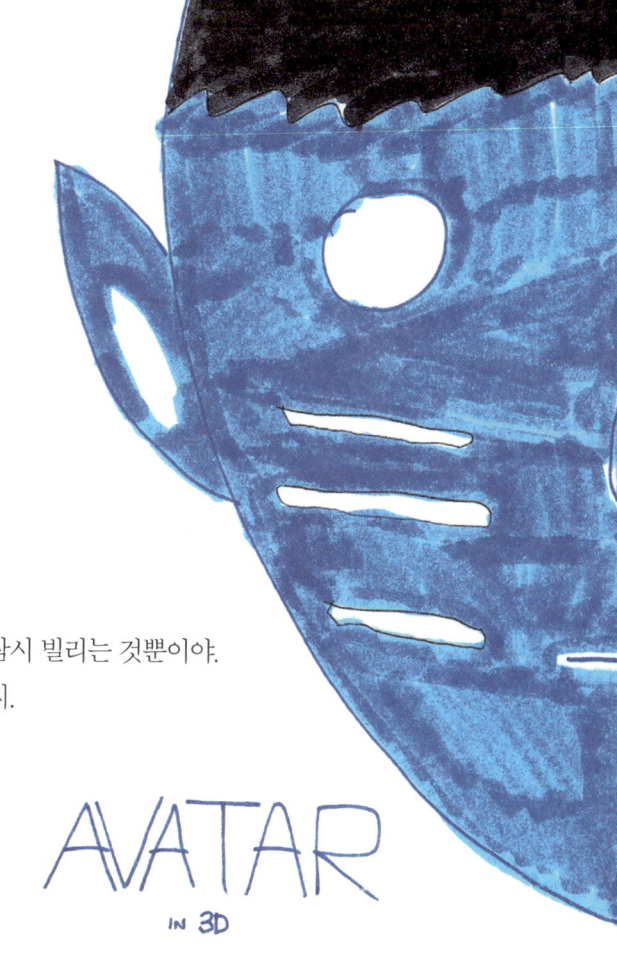

모든 에너지는 우리가 잠시 빌리는 것뿐이야.
쓰고 나선 돌려줘야 하지.

아바타 | Avatar | 2009, 제임스 카메론

25
JULY

인생도 도로 같아.
어디로 가느냐보다 누구랑 가느냐가 중요하지.

분노의 질주 | Fast & the Furious | 2001, 롭 코헨

7
JUNE

큰 힘에는 큰 책임이 따른다.
그것이 나의 축복이자 저주다.

스파이더맨: 노 웨이 홈 | Spider-Man: No Way Home | 2021, 존 왓츠

24
JULY

우리 사이가 멀어진 게 아니라 우리가 너무 바빠진 거야.

보스 베이비 2 | Boss Baby: The Family Business | 2021, 톰 맥그라스

8
JUNE

이런 게 인생이라네. 서로 사랑하는 사람들, 집, 안전한 곳….
자네도 잠시만 느껴보게나.

로건 | Logan | 2017, 제임스 맨골드

23
JULY

여기선 그런 걱정 안 해도 돼.
그저 돌이 되는 거야.

에브리씽 에브리웨어 올 앳 원스 | Everything Everywhere All At Once | 2022, 다니엘 콴, 다니엘 쉐이너트

9
JUNE

진짜 가족은 함께한 시간 속에서 만들어지는 거죠.

대가족 | About Family | 2024, 양우석

22
JULY

모두가 두려워할 때
누군가는 원칙을 지켜야 해요.

스파이 브릿지 | Bridge of Spies | 2015, 스티븐 스필버그

10
JUNE

진짜 용기는 무섭지 않아서가 아니라, 무서워도 가는 거야.

닥터 두리틀 | Dolittle | 2020, 스티븐 개건

21
JULY

세상의 규칙은 중요하지만
때로는 부숴야 진짜 멋진 걸 만들 수 있어.

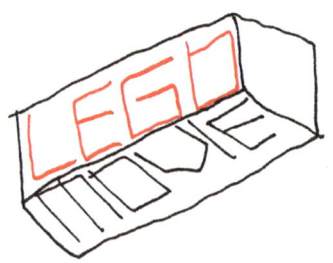

레고 무비 | The Lego Movie | 2014, 크리스 밀러, 필 로드

11
JUNE

넌 실패한 게 아냐. 단지 새로운 기회를 얻은 거야.

메가마인드 | Megamind | 2011, 톰 맥그라스

20
JULY

저게 닫혀 있으니까 벽처럼 느껴지는데
알고 보면 저게 문이란 말이지.

설국열차 | Snowpiercer | 2013, 봉준호

12
JUNE

지금 우리가 이 안에서 어떤 선택을 하느냐에 따라
모두의 내일이 바뀝니다.

비상선언 | Emergency Declaration | 2022, 한재림

19
JULY

복수로 과거를 바꾸진 못한다.
세상에 필요한 건 희망이다.

더 배트맨 | The Batman | 2022, 맷 리브스

13
JUNE

우리가 지금 물러서면 나중엔 싸울 기회조차 없을 거야.

로그 원: 스타워즈 스토리 | Rouge One: A Star Wars Story | 2016, 가렛 에드워즈

18
JULY

내가 잘할 수 있는 방식으로, 난 최고가 될 거야.

몬스터 대학교 | Monsters University | 2013, 댄 스캔론

14
JUNE

나는 집에 가고 싶다. 하지만 먼저 여길 지나가야 해.

1917 | 1917 | 2020, 샘 멘데스

17
JULY

세상을 구하는 방법은 과거를 이해하는 게 아니라
미래를 창조하는 거야.

테넷 | Tenet | 2020, 크리스토퍼 놀란

15
JUNE

복싱이라는 건, 다운됐다고 끝나는 게 아니잖아.
다시 일어나라고 카운트를 10초씩이나 주거든.

카운트 | Count | 2023, 권혁재

16
JULY

새로운 세상은 그냥 오지 않아. 우리가 만들어가야 해.

캡틴 아메리카: 브레이브 뉴 월드 | Captain America: Brave New World | 2025, 줄리어스 오나

16
JUNE

인생은 폭풍이 지나가기를 기다리는 것이 아니라
비 속에서 춤추는 법을 배우는 거예요.

브리짓 존스의 일기: 뉴 챕터 | Bridget Jones: Mad About the Boy | 2025, 마이클 모리스

15
JULY

사랑하기 때문에 사랑하는 것이 아니라
사랑할 수밖에 없기 때문에 사랑하는 것입니다.

번지점프를 하다 | Bungee Jumping of Their Own | 2001, 김대승

17
JUNE

느낌 오지? 사람 잘못 건드린 거.

성난황소 | Unstoppable | 2018, 김민호

14
JULY

진정한 왕은 힘으로 군림하는 게 아니라 책임으로 이끈단다.

무파사: 라이온 킹 | Mufasa: the Lion King | 2024, 배리 젠킨스

18
JUNE

아빠, 내가 상상했던 아빠랑은 좀 다르지만
이젠 아빠 없인 안 될 거 같아.
나 아빠가 너무 좋아.

힘을 내요, 미스터 리 | Cheer Up, Mr. Lee | 2019, 이계벽

13
JULY

이유가 어딨어? 나쁜 놈은 그냥 잡는 거야.

범죄도시2 | THE ROUND-UP | 2022, 이상용

19
JUNE

착한 게 약한 건 아니야. 착한 건 끝까지 다치지 않고 버티는 거야.

백설공주 | Snow White | 2025, 마크 웹

12
JULY

겁쟁이들은 시작도 하지 않고, 약한 자들은 끝까지 해내는 법이 없으며, 승자는 절대로 포기하지 않는다.

어벤져스: 엔드게임 | Avengers: Endgame | 2019, 안소니 루소, 조 루소

20
JUNE

완벽한 임무보다 함께한 기억이 더 소중해.

버즈 라이트이어 | Lightyear | 2022, 앵거스 맥클레인

11
JULY

떠난 사람은 사라진 게 아니에요.
우리가 기억하는 한 곁에 있어요.

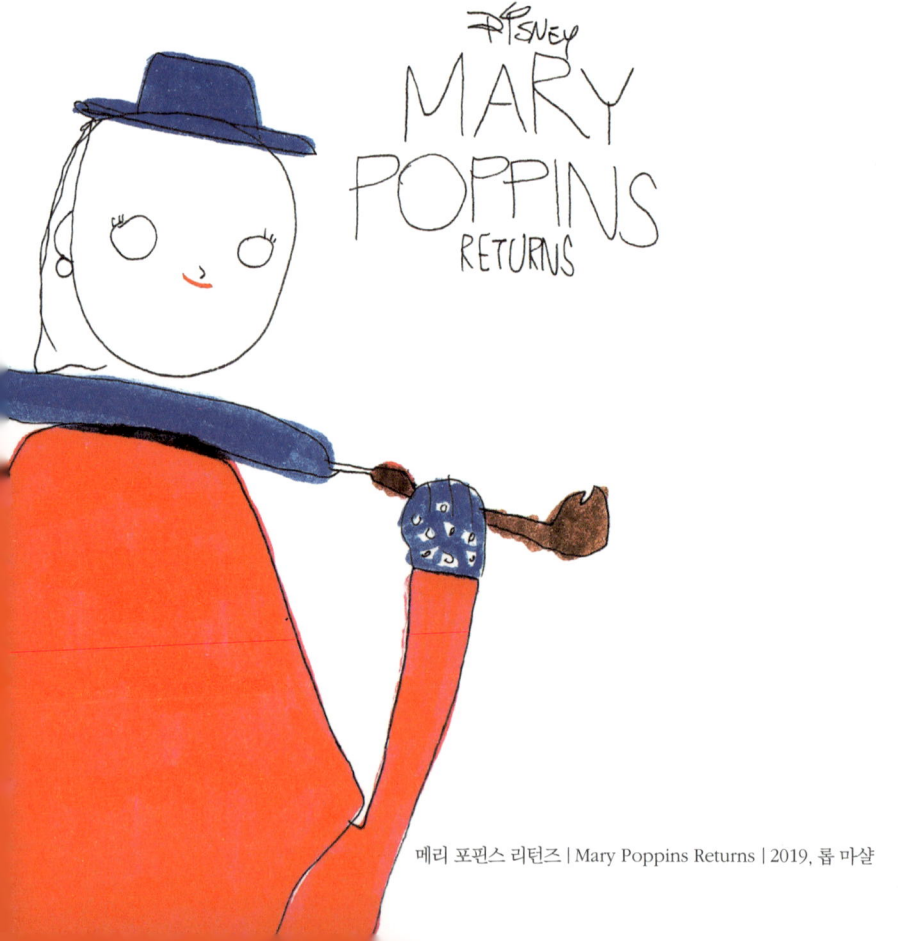

메리 포핀스 리턴즈 | Mary Poppins Returns | 2019, 롭 마샬

21
JUNE

변하는 건 괜찮아.
안 변하는 게 오히려 이상한 거야.

주먹왕 랄프2: 인터넷 속으로 | Ralph Breaks the Internet | 2019, 필 존스턴, 리치 무어

10
JULY

포기하는 건 약한 게 아니야.
때로는 그게 가장 강한 선택이야.

원더우먼 1984 | Wonder Woman 1984 | 2020, 페티 젠킨스

22
JUNE

우리가 잊으면 그들은 두 번 죽는 거야.

하얼빈 | Harbin | 2024, 우민호

9
JULY

창조는 파괴보다 어렵다.
그래서 겁쟁이들은 파괴를 선택하곤 한다.

마인크래프트 무비 | A Minecraft Movie | 2025, 자레드 헤스

23
JUNE

무섭고 싫어도
그걸 넘어가야 어른이 되는 거야.

미래의 미라이 | Mirai | 2019, 호소다 마모루

8
JULY

작은 친절이 아주 큰 마음을 움직일 수 있어.

그린치 | The Grinch | 2018, 스콧 모지어, 야로우 체니

24
JUNE

지옥으로 가든 왕좌로 가든 혼자 가는 자가 가장 빠른 법이다.

1917 | 1917 | 2020, 샘 멘데스

7
JULY

오직 고통만이 인간을 강하게 만든다.

블랙 위도우 | Black Widow | 2021, 케이트 쇼트랜드

25
JUNE

우리는 기억이 우리를 정의하듯 기억에 집착하지만
우리를 정의하는 건 행동이다.

공각기동대: 고스트 인 더 쉘 | Ghost in the Shell | 2017, 루퍼트 샌더스

6
JULY

나는 내 목소리를 낼 거예요. 아무도 날 침묵시키지 못할 거예요.

알라딘 | Aladdin | 2019, 가이 리치

26
JUNE

일단 밀고 나가면 그 방향으로 가게 돼요.

버즈 라이트이어 | Lightyear | 2022, 앵거스 맥클레인

5
JULY

잭 스패로우를 찾아서 살라자르가 이렇게 말했다고 전해.
"죽음이 바로 당신을 찾아올 것이다."

캐리비안의 해적: 죽은 자는 말이 없다 | Pirates of the Caribbean : Dead Men Tell No Tales
2017, 요아킴 뢰닝, 에스펜 잔드베르크

27
JUNE

당신은 두려움 없는 용감한 마음을 가졌어.

아바타 | Avatar | 2009, 제임스 카메론

4
JULY

야, 우리가 돈이 없지 가오가 없냐?
가오 떨어지는 짓 좀 하지 말자!

베테랑 | Veteran | 2015, 류승완

28
JUNE

살아. 죽는 건 죽어야 할 때, 그때 죽어.

유령 | Phantom | 2023, 이해영

3
JULY

친목이란 공통 관심사가 있는 사람들끼리 도모하는 거예요.

로비 | Lobby | 2025, 하정우

29
JUNE

보호라는 말 안에는 보이지 않는 감옥이 있어.

어른이 되면 | Grown Up | 2018, 장혜영

2
JULY

대한민국 검사는 대통령을 만들 수도 있고 죽일 수도 있어.

야당 | Yadang: the Snitch | 2025, 황병국

30
JUNE

넘어지고 잠시 길을 잃었다고 해서
결코 영원히 길을 잃은 건 아니다.

닥터 스드레인지: 대혼돈의 멀티버스
Doctor Strange in the Multiverse of Madness
2022, 샘 레이미

1
JULY

애초에 바로잡을 필요가 없었어.
그 상처들 때문에 지금의 우리가 있는 거야.

플래시 | The Flash | 2023, 안드레스 무시에티